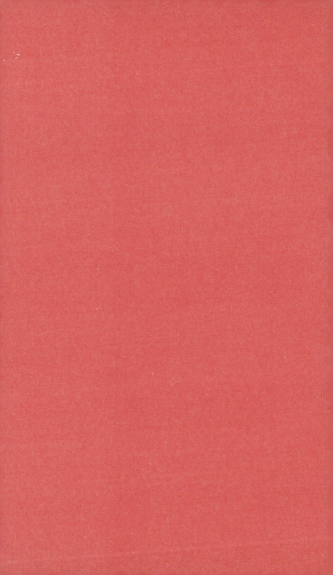

Su Princesa,
la Novia

Su Princesa,
la Novia

Cartas de amor de tu Príncipe

Sheri Rose
SHEPHERD

La misión de Editorial Vida es ser la compañía líder en comunicación cristiana que satisfaga las necesidades de las personas, con recursos cuyo contenido glorifique a Jesucristo y promueva principios bíblicos.

Su princesa, la novia
Edición en español publicada por
Editorial Vida – 2010
Miami, Florida

Traducción: *Snyder Design Group*
Edición: *Snyder Design Group*
Diseño interior: *Snyder Design Group*
Adaptación de cubierta: *Pablo Snyder*

ISBN: 978-0-8297-5533-6

CATEGORÍA: Vida cristiana / Inspiración

IMPRESO EN CHINA
PRINTED IN CHINA

20 21 ❖ 12 11

Contenido

RECONOCIMIENTOS

Este libro no hubiera sido posible sin el amor y el apoyo de mi marido, Steven Gene Shepherd; mi amiga, Kimber Anne Ángstrom; y mi talentoso editor, Lonnie Hull DuPont.

Quiero dedicar este libro a mi hermosa hija, Emilie Joy Shepherd, y a mi preciosa madre, Carole Goodman.

Un agradecimiento especial a quienes interceden en oración por mí, incluyendo, pero no exclusivamente, a Rhonda, Sue, Anna, Rochelle, Susan, Pam y Jan.

Agradezco a mi increíble equipo ministerial de princesas. Ustedes son un tesoro y una bendición para mí. Gracias por ser quienes son y por todo lo que hacen.

INTRODUCCIÓN

Hemos oído de nuestro Rey… ¡Ahora es tiempo de escuchar a nuestro Príncipe!

No puedo creer que ya hayan pasado cinco años desde que escribí *Su Princesa: Cartas de amor de tu Rey*. Jamás imaginé que ese libro estaría en manos de más de doscientas mil mujeres y se publicaría en tres idiomas. A través del libro *Su Princesa*, descubrimos que nuestro Padre es el Rey de reyes y que en verdad somos de la realeza, «sus princesas».

Ahora es tiempo de develar otro tesoro de verdad: también somos la novia de Cristo, su princesa prometida. Si estás lista para comenzar una relación apasionada con el Amante de tu alma; si has estado deseando

que tu Señor, tu Príncipe, te susurre secretos
sagrados de eternidad a través de su Palabra…
entonces este libro fue escrito para ti.

En fin, que conozcan ese amor que
sobrepasa nuestro conocimiento, para
que sean llenos de la plenitud de Dios.

Efesios 3:19

Mi eterna novia:

Amada, quiero revelarte un secreto sagrado.
Si bien soy tu Dios, también soy tu Esposo
eternal. Pronto vendré para llevarte hacia
la eternidad. Mi deseo es quitar el velo que
cubre tus ojos para que puedas ver quién
eres realmente, mi princesa, mi novia.
Soy el Amante de tu alma. Añoro estar lo
suficientemente cerca como para mostrarte
un atisbo de mi infinito amor por ti. Si me
buscas con todo tu corazón, me revelaré
de maneras extraordinarias. Si te presentas
delante de mí y así lo pides, daré a tu corazón
una esperanza nueva que cambiará para
siempre tu modo de verme, de verte, y de ver
al mundo que te rodea.

Con amor,
tu Creador y Esposo

Porque el que te hizo es tu esposo;
su nombre es el Señor Todopoderoso.
Tu Redentor es el Santo de Israel;
¡Dios de toda la tierra es su nombre!

ISAÍAS 54:5

Mi Señor y Esposo:

Estoy maravillada. Qué extraño y asombroso es pensar en ti, mi Dios, como mi Esposo eternal. Quedo atónita al descubrir que soy tu novia, la novia de Cristo. Sí, quiero que descubras el velo y me dejes verte como mi Príncipe, y a mí como tu princesa y novia. Eres el verdadero y único amor que mi corazón siempre ha anhelado. Así que hoy me postro ante tu altar, dispuesta a entregar mi corazón, mi alma, todo lo que soy… Quisiera poder encontrarme conmigo misma al comenzar a buscarte con todo mi ser.

Con amor,
tu princesa, tu novia

¡Alegrémonos y regocijémonos
y démosle gloria!
Ya ha llegado el día de las
bodas del Cordero.
Su novia se ha preparado.

APOCALIPSIS 19:7

Mi hermosa novia:

Eres tan hermosa para mí. Desearía que por un momento pudieras ver lo que veo cuando te miro. Cuando te contemplo, veo un tesoro listo para ser descubierto, una princesa lista para brillar, y una novia lista para ser amada. Cuando te miro… ¡amo lo que veo! Si pudieras comprender lo hermosa que eres a mis ojos, jamás volverías a sentirte insegura. La belleza que puse en ti al crearte es un reflejo de mí, amada. Te creé a mi imagen, ¡así que no vuelvas a poner en duda que tu belleza eterna es aliento del cielo!

Con amor,
tu venerado Príncipe

EL REY ESTÁ CAUTIVADO POR TU HERMOSURA;

ÉL ES TU SEÑOR: INCLÍNATE ANTE ÉL.

....

SALMO 45:11

Mi Príncipe:

Estoy lista para dejar que hagas de mí un hermoso reflejo de lo que eres. Permíteme fijar mi mirada en ti, para que pueda verme como tú me ves. Estoy lista para caminar como tu novia y princesa por el resto de mi vida. No deseo que nadie más que tú, mi Señor y Príncipe, defina mi verdadera belleza. Por lo tanto, ¡por favor, abre mi corazón para que pueda recibir tus palabras de verdad acerca de quién soy realmente!

Con amor,

tu novia,
quien ama lo hermosa que la haces sentir

¡TE ALABO PORQUE SOY UNA
CREACIÓN ADMIRABLE!
¡TUS OBRAS SON MARAVILLOSAS,
Y ESTO LO SÉ MUY BIEN!

....

SALMO 139:14

Convertiste mi lamento en danza;
me quitaste la ropa de luto
y me vestiste de fiesta,
para que te cante y te glorifique,
y no me quede callado.
¡Señor mi Dios, siempre te daré gracias!

SALMO 30:11–12

Mi princesa y novia:

¿Me permites invitarte a que dejes que tu corazón baile conmigo hoy? Solo yo puedo cambiar tu lamento en danza. Te daré la belleza y la gracia necesarias para que el mundo pueda ver que eres mi hermosa novia. Cuando dances conmigo, sentirás que te mueves al ritmo de mi corazón. Es tiempo, prometida mía, de que te pongas tus zapatos de baile. Permite que tu Príncipe toque una canción, una canción para tu alma. Una canción que hará latir tu corazón junto al mío ahora y por toda la eternidad.

Con amor,
tu verdadero Príncipe encantador

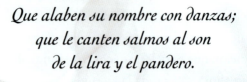

Que alaben su nombre con danzas;
que le canten salmos al son
de la lira y el pandero.

SALMO 149:3

20

Mi Príncipe:

¡Qué honor, Señor mío! Estoy realmente abrumada por tu invitación. ¿Cómo pude haber sido escogida para bailar con el Salvador de la humanidad? Hoy deposito mi corazón en tus manos y acepto tu invitación a bailar. Estoy lista para moverme al ritmo de tu corazón. Estoy lista para seguir tu iniciativa en fe. Estoy lista par danzar contigo todos los días de mi vida.

Con amor,

tu princesa,
quien quiere danzar nuevamente

Mi princesa y novia:

Conquistaste mi corazón, princesa mía. Siempre te amaré. Desde el momento en que te soñé, te amé y te adoré. Este amor que siento por ti es inagotable y constante. El deseo sincero de mi corazón es que andes todos los días de tu vida sabiendo que en verdad eres el amor de mi vida. No quisiera que nunca sientas que debes ganarte mi afecto; nada de lo que hayas dicho o hecho puede ni podrá jamás cambiar lo que siento por ti. Te escogí para que seas mi preciosa novia. Si permites que tu alma se adapte a la mía y sea una conmigo, nunca dudarás de que siempre y para siempre sentiré devoción por ti.

Con amor,
tu Príncipe Jesús,
quien no puede dejar de amarte

*Nadie tiene amor más grande que
el dar la vida por sus amigos.*

....

JUAN 15:13

Mi Príncipe:

¡Cómo anhelo sumergir mi alma en tu infinito y purificante amor! Sin embargo, muchas veces me resisto a dejar que laves mis manchas en tu mar de perdón. De algún modo, siento que no merezco ser amada. Pero aquí estoy, lista para atravesar el umbral y entrar en una íntima relación de amor contigo. Vierte tu agua de vida sobre mí ahora, Príncipe mío, y que sea refrescada eternamente solo por ti.

Con amor,

tu princesa,
quien anhela enamorarse de ti

*Yo amo al Señor
porque él escucha mi voz suplicante.*

....

SALMO 116:1

ÉSTE ES EL DÍA EN QUE EL SEÑOR ACTUÓ;

REGOCIJÉMONOS Y ALEGRÉMONOS EN ÉL.

....

SALMO 118:24

Mi princesa:

Ven conmigo, amada prometida, estoy deseoso de mostrarte el mundo a través de mis ojos. Hay tanto para ver… ¡no te lo pierdas, mi amor! Déjame entrar a tu mundo y acercarme lo suficiente como para susurrar tesoros de verdad a tu espíritu. Aquí estoy, extendiéndote mi mano. ¿Pondrás tu mano en la mía, dejando que tu Príncipe guíe tu camino hoy? Quiero llevarte a una aventura extraordinaria conmigo. En este día, solo quiero estar cerca de mi princesa y amarla. Hoy se trata de nosotros, así que agárrate fuerte y no te sueltes.

Con amor,
tu Señor,
quien desea estar cerca de ti

SEÑOR, YO AMO LA CASA DONDE VIVES,

EL LUGAR DONDE RESIDE TU GLORIA.

....

SALMO 26:8

Mi Príncipe Jesús:

¿Cómo podría rechazar un paseo junto al Salvador del mundo? Mi corazón se quebranta al reflexionar sobre todos los días en que perdí la oportunidad de caminar a tu lado. Te imagino esperándome cada mañana, y el modo en que debe romperse tu corazón cuando olvido que estás aquí. Perdóname por no invitarte a compartir todos mis días. En este día, quiero invitarte a mi hoy y a todos mis mañanas. Que nunca olvide sujetar tu mano al transitar esta vida juntos. Te amo, Señor.

Con amor,

tu novia,
quien te invita ahora

Mi hermosa novia:

Nunca estás sola, amada mía. Cuando te duele, me duele, y me rompe el corazón verte llorar sin mí. Estoy acá, junto a ti, deseando ser el hombre que recoja tus lágrimas al caer. Yo también recorrí este destrozado mundo, mi amor. Resolveremos todas y cada una de estas cosas juntos, prometida mía. Puedo sanar tu corazón quebrantado, y lo haré. Grita mi nombre, Jesús, en tus horas oscuras, y te sostendré. ¿Me darás la oportunidad de revivirte con mi amor? Te prometo que verás la luz de un nuevo día, y el gozo volverá.

Con amor,

tu Príncipe,
quien secará tus lágrimas

Pondrá de nuevo risas en tu boca,
y gritos de alegría en tus labios.

JOB 8:21

Mi Príncipe de paz:

Eres en verdad el amor de mi vida, y tu novia está clamando por ti ahora. Sí, ven y sostenme mientras lloro. ¡Cómo reconforta mi corazón poder acceder a ti en cualquier momento! Adoro saber que no estoy sola en la oscuridad. Gracias, Príncipe mío, mi Señor, por extender tu amorosa mano desde cielo y enjuagar mis lágrimas. Sostenme hasta que en mi alma todo esté bien nuevamente. Cuando esté dolida, recuérdame que tú estás a tan solo una oración de distancia.

Con amor,

tu novia,
quien anhela estar siempre en tus brazos

En mi angustia invoqué al Señor;
clamé a mi Dios,
y él me escuchó desde su templo;
¡mi clamor llegó a sus oídos!

SALMO 18:6

TE RESCATARÉ

Mi preciosa novia:

Soy tu héroe. He muerto para salvar tu vida.
Estoy aquí para evitar que te ahogues en un
mar de desesperanza y para cargarte hasta
la orilla cuando estés demasiado débil para
nadar. Reviviré tu alma y pondré tus pies
nuevamente sobre tierra firme. No dejaré que
nada ni nadie me impidan llegar a ti cuando
me llames. Amo salvarte del peligro, mi
amor, así que la próxima vez que necesites ser
rescatada de problemas, llámame, llama a tu
Príncipe, y vendré.

Con amor,
tu Salvador y Rescatador

CUANDO CRUCES LAS AGUAS,

YO ESTARÉ CONTIGO;

CUANDO CRUCES LOS RÍOS,

NO TE CUBRIRÁN SUS AGUAS;

CUANDO CAMINES POR EL FUEGO,

NO TE QUEMARÁS NI TE ABRASARÁN LAS LLAMAS.

....

ISAIAS 43:2

Mi Príncipe Jesús:

¡Estoy sorprendida! ¡Tengo un héroe real que me salva! ¿Cómo pude haber recibido la bendición de que el Salvador del mundo sea mi Príncipe? Es asombroso saber que descendiste del cielo y me salvaste de ahogarme en un mar de desesperanza. Señor, realmente necesito que seas mi salvavidas. Jamás habrá palabras para expresar lo mucho que en realidad te amo.

Con amor,

tu princesa,
quien ama ser rescatada

EXTENDIENDO SU MANO DESDE LO ALTO,

TOMÓ LA MÍA Y ME SACÓ DEL MAR PROFUNDO.

....

SALMO 18:16

Cantaré al Señor toda mi vida;
cantaré salmos a mi Dios
mientras tenga aliento.
Quiera él agradarse de mi meditación;
yo, por mi parte, me alegro en el Señor.

SALMO 104:33–34

Mi princesa y novia:

Tu vida en mí es una sinfonía. En este momento eres una canción lista para ser escrita por mí, tu compositor. Tu alabanza es música para mi corazón, novia mía. Adoro que me cantes, amada. Si me dejas, pondré en tu corazón una canción que será una dulce melodía para que disfrutes todos los días de tu vida. Tu alabanza es una bendición para tu Príncipe, y te bendeciré por tu sacrificio de alabanza. Por lo tanto, abre tus preciosos labios, mi amor, y déjame escucharte cantar, ¡para que todo el cielo pueda oír cómo te regocijas!

Con amor,
tu Príncipe,
que escucha desde el cielo

Quiero alabarte, Señor,
con todo el corazón,
y contar todas tus maravillas.
Quiero alegrarme y regocijarme en ti,
y cantar salmos a tu nombre, oh Altísimo.

SALMO 9:1–2

Mi Príncipe:

Mi corazón se eleva cuando entro a ti en adoración, a pesar de que de algún modo, una canción de alabanza parece demasiado simple comparada con todo lo que hiciste por mí. Pero anhelo expresar mi profundo amor por ti, Señor. De modo que si te place mi alabanza, abriré mi boca y dejaré que mi corazón cante para una audiencia de uno solo… ¡tú! Y que mi vida se convierta en lo que mis labios no pueden expresar en una canción de adoración.

Con amor,

tu princesa,
que te alaba

CUBRIRÉ TUS NECESIDADES

Mi preciosa princesa:

Como mi prometida, puedes pedirme lo que necesites. Sea lo que sea te lo proveeré en modos que no imaginas. Soy aquel que puede encontrarte en los rincones más oscuros de tu alma. Soy quien te concede los deseos de tu corazón. Sé que a veces temes creer que realmente estoy ahí, pero así es, allí estoy. Sin importar como se vea tu vida ahora, estoy obrando sobre ella para tu bien. Es un placer cuidarte, así que descansa en mí, amada mía.

Con amor,
tu Príncipe y Proveedor

*Cualquier cosa que ustedes pidan
en mi nombre, yo la haré; así será
glorificado el Padre en el Hijo. Lo que
pidan en mi nombre, yo lo haré.*

JUAN 14:13–14

Mi Príncipe:

Perdóname por todos aquellos días en que ocupé tu lugar en mi vida tratando de cubrir mis necesidades con mis propias fuerzas. Ahora quiero poner mi futuro en tus amorosas manos. Estoy lista para presentarme delante de tu trono y confiar en ti, sin importar lo que pueda suceder. Hoy cambio mis temores por una renovada fe en ti. Hoy sé en mi corazón que me darás aun más de lo que pida… ¡Qué nunca más dude!

Con amor,

tu princesa,
quien cree en ti

Así que mi Dios les proveerá de todo lo que necesiten, conforme a las gloriosas riquezas que tiene en Cristo Jesús.

....

FILIPENSES 4:19

EL SEÑOR ES MI ROCA,

MI AMPARO, MI LIBERTADOR;

ES MI DIOS, EL PEÑASCO EN QUE ME REFUGIO.

ES MI ESCUDO, EL PODER QUE ME SALVA,

¡MI MÁS ALTO ESCONDITE!

....

SALMO 18:2

Mi amada novia:

Ahora es tiempo de creer mis promesas y confiar en mí como refugio frente a las tormentas que vendrán en esta vida. Soy el caballero de brillante armadura que tu corazón anhela. Soy quien ya dio su vida por ti. Conozco tus temores más ocultos, pero debes aprender a mirar hacia mí cuando la vida golpea duro. Soy la roca sobre la cual puedes permanecer firme cuando todo lo demás alrededor parece arena movediza. Párate sobre mi Palabra y escóndela en tu corazón, ¡y nunca más te hundirás en la desesperanza!

Con amor,
tu Príncipe y Roca

OH DIOS, ESCUCHA MI CLAMOR

Y ATIENDE A MI ORACIÓN.

DESDE LOS CONFINES DE LA TIERRA TE INVOCO,

PUES MI CORAZÓN DESFALLECE;

LLÉVAME A UNA ROCA DONDE ESTÉ YO A SALVO.

....

SALMO 61:1–2

Mi Rescatador:

Sí, necesito que me salves. Rescátame, Señor mío. Necesito que seas mi Roca y mi gallardo Príncipe. Ya no quiero enfrentar sola las cosas. Ahora te invito a ser la fuerza de mi vida. Sostén mi temeroso corazón y establece mis pies en la seguridad de la roca de tu Palabra. ¡Que jamás vuelva a moverme de esta roca!

Con amor,

tu princesa,
quien está lista para establecerse

SIEMPRE CUMPLO MIS PROMESAS

Mi querida prometida:

Jamás romperé una promesa, novia mía.
Siempre haré todo por ti exactamente como
está escrito en mi Palabra. No dejes que
quienes te han decepcionado te hagan sentir
insegura acerca de quien soy. Recuerda,
amada, no soy hombre, soy tu Esposo
eternal y tu Señor. Soy Verdad. Jamás debe
preocuparte si cumpliré o no mis promesas.
Cada voto que te he hecho será cumplido
en mi perfecto tiempo. Cada palabra que
pronuncio es una verdad divina. Nunca te
decepcionaré si aprendes a esperar en la
perfección de mis tiempos.

Con amor,
tu Príncipe,
en quien puedes confiar

Tu reino es un reino eterno;
tu dominio permanece por todas las edades.
Fiel es el Señor a su palabra
y bondadoso en todas sus obras.

SALMO 145:13

Mi Príncipe:

Quiero confiar en ti, mi Señor, pero a veces siento que no puedo fiarme de la palabra de nadie. Así que perdóname por dudar de ti. Ayúdame a recordar que no eres como quienes rompieron las promesas que me hicieron. Eres el único fiel y verdadero. De aquí en más, renueva mi fe y que jamás olvide todo lo que ya hiciste para demostrarme que tus promesas son verdad.

Con amor,
tu princesa,
quien está aprendiendo a confiar

El camino de Dios es perfecto;
la palabra del Señor es intachable.
Escudo es Dios a los que en él se refugian.

SALMO 18:30

NO PUEDO DEJAR DE PENSAR EN TI

Mi atesorada princesa:

Eres tan preciosa para mí, princesa mía.
No hay suficientes granos de arena para
contabilizar las veces que pienso en ti. Estás
en mis pensamientos de noche y de día.
Ocupas mi mente siempre. Estás oculta en
mi corazón y siempre serás parte de mí. Me
interesa cada detalle de tu vida, y nunca estoy
tan ocupado como para no focalizarme en
ti. De modo que, estés donde estés en este
vasto mundo, que te sirva de consuelo saber
que mis pensamientos están contigo, mi bella
novia, como también lo está mi corazón.

Con amor,
tu Príncipe,
quien ama pensar en ti

¡CUÁN PRECIOSOS, OH DIOS,

ME SON TUS PENSAMIENTOS!

¡CUÁN INMENSA ES LA SUMA DE ELLOS!

SI ME PROPUSIERA CONTARLOS,

SUMARÍAN MÁS QUE LOS GRANOS DE ARENA.

Y SI TERMINARA DE HACERLO,

AÚN ESTARÍA A TU LADO.

SALMO 139:17–18

Mi amado Príncipe:

Me estoy enamorando de ti más y más cada día,
mi Príncipe, mi Esposo. A veces la eternidad
parece tan lejana, sin embargo en lo profundo de
mi corazón sé que en cualquier momento podría
verte cara a cara. ¡Cómo anhelo sentirte cerca!
Pero hasta que llegue ese glorioso día, debo
reconocer que es maravilloso caminar por esta
vida sabiendo que el Salvador del mundo está
pensando en mí. Que nunca deje de buscarte, al
ver cómo continúas revelándome tu amor cada
nuevo día.

Con amor,

tu prometida,
quien ama saber que está en tu mente

TUS OJOS VIERON MI CUERPO EN GESTACIÓN:

TODO ESTABA YA ESCRITO EN TU LIBRO;

TODOS MIS DÍAS SE ESTABAN DISEÑANDO,

AUNQUE NO EXISTÍA UNO SOLO DE ELLOS.

....

SALMO 139:16

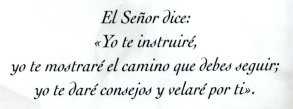

El Señor dice:
«Yo te instruiré,
yo te mostraré el camino que debes seguir;
yo te daré consejos y velaré por ti».

SALMO 32:8

Mi princesa y novia:

Soy el camino, prometida mía. ¿Me permitirás guiarte todos los días de tu vida? ¿Dejarás que tu Príncipe establezca tus hermosos pies en la senda que preparó para ti hace ya mucho tiempo? Ven conmigo, mi amor, en una aventura sorprendente que estremecerá tu corazón. Permíteme darte el tipo de vida que dejará un gran legado. Si me dejas guiarte, te prometo que jamás te decepcionaré.

Con amor,

tu Príncipe,
quien desea guiarte

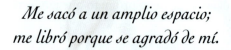

Me sacó a un amplio espacio;
me libró porque se agradó de mí.

SALMO 18:19

Mi Príncipe:

¡Hoy le digo sí a tu guía en mi vida! ¿Cómo podría rechazar el ofrecimiento de aquel que dio su vida por mí? Será un honor seguirte el resto de mi tiempo aquí en la tierra, hasta que vaya contigo a tu reino eternal. Toma mi mano y muéstrame el camino hacia la vida abundante, Señor mío. Abre mis oídos para que pueda escuchar tu voz calma y seguirte a donde quiera que me guíes.

Con amor,
tu princesa,
quien ama tus caminos

LUCHARÉ POR TI

Mi valiente princesa:

Permíteme pelear todas y cada una de las batallas que esta vida te presente, mi princesa valerosa. No quiero que mi prometida se extenúe luchando con sus propias fuerzas. ¡La batalla que enfrentas ya está ganada, mi amor! Ahora, párate detrás mío y deja que tu poderoso Príncipe te proteja de los ataques del enemigo de tu alma. Sí, soy tu guerrero y tu protector. Mientras permanezcas detrás de mí y me dejes luchar por ti, no hay nada que pueda tomarte por sorpresa. Es un placer ir a la guerra por ti, amada novia.

Con amor,
tu Príncipe y Protector

*El Señor tu Dios está contigo; él
peleará en favor tuyo y te dará la
victoria sobre tus enemigos.*

DEUTERONOMIO 20:4

Mi Príncipe:

Estoy lista para dejarte luchar por mí, mi guerrero maravilloso. Estoy cansada de pelear esta batalla sola. Tú eres el único que puede traer la victoria a mi vida. Perdóname por usar mis palabras y acciones como armas para lastimar a quienes me hirieron. Gracias por ser mi escudo y mi fuerza… Gràcias por luchar por mí. ¡Te amo, mi Señor!

Con amor,

tu princesa y novia,
quien está lista para cubrirse detrás de ti

¡Cuánto te amo, Señor, fuerza mía!

SALMO 18:1

LOS CIELOS CUENTAN LA GLORIA DE DIOS,

EL FIRMAMENTO PROCLAMA LA

OBRA DE SUS MANOS.

UN DÍA COMPARTE AL OTRO LA NOTICIA,

UNA NOCHE A LA OTRA SE LO HACE SABER.

....

SALMO 19:1–2

Mi bella:

Puedes creer en mí, amada mía. ¡Cómo se rompe mi corazón cuando dudas de tu Príncipe! ¿Qué debo hacer para demostrar que soy quien digo ser y que tú eres mía? ¿Debo pintarte otro atardecer para darte un beso de buenas noches? ¿Debo poner más estrellas en el cielo para provocar destellos en tus ojos? ¿Debo consolarte una noche más cuando acudas a mí? ¿Debo responderle otra oración a mi princesa? Haré lo que sea necesario, y nunca cesaré de crear modos de probarte que estoy aquí.

Con amor,
tu Príncipe,
el que es real

TU REINO ES UN REINO ETERNO;

TU DOMINIO PERMANECE POR TODAS LAS EDADES.

FIEL ES EL SEÑOR A SU PALABRA

Y BONDADOSO EN TODAS SUS OBRAS.

SALMO 145:13

Mi Señor:

¿Cuántas veces me resisto a creer que realmente estás aquí conmigo? A pesar de que demostraste tu presencia una y otra vez, aún permito a mi corazón dudar. Así que, aquí estoy de nuevo, rogando que te hagas más real que nunca a mis ojos. Ayúdame, Príncipe mío, a que jamás vuelva a perder la fe en ti. Gracias por la paciencia infinita que le tienes a tu princesa.

Con amor,

tu princesa,
quien te cree ahora

DEJARÉ LA LUZ ENCENDIDA

Novia mía:

Soy la luz, «la luz del mundo». Soy tu luz
y el amor de tu vida. Cuando tu mundo se
sienta frío y oscuro, puedes contar conmigo
para traerte calor desde el interior. Nunca
tropezarás ni caerás si permites que tu
Príncipe ilumine tu camino. Veo con toda
claridad en la oscuridad, así que no temas,
estoy aquí para quitar todos los obstáculos
de tu camino, amada mía. Y si alguna
vez tropiezas en la oscuridad, siempre te
recogeré en mis brazos amorosos. Descansa
segura, hermosa mía, siempre habrá una luz
encendida que te ayude a encontrar el camino
de regreso a mí.

Con amor,
tu Príncipe y Luz

*Tú, Señor, mantienes mi
lámpara encendida;
tú, Dios mío, iluminas mis tinieblas.*

SALMO 18:28

Mi Príncipe:

Eres la luz de mi mundo y el amor de mi vida.
Sé que si estás cerca no hay nadie ni nada a
qué temer. Ilumina mi sendero de regreso a
ti cuando me haya alejado. Ayúdame a tener
la certeza de que ni aun las tinieblas pueden
lograr que pierda mi camino. Sostenme cerca
tuyo mientras aprendo a confiar en tu vista
cuando no puedo ver con mis propios ojos.

Con amor,
tu princesa,
quien te encontrará

Porque en ti está la fuente de la vida,
y en tu luz podemos ver la luz.

SALMO 36:9

Mi ocupada novia:

Tómate un minuto libre y vayámonos juntos. Puedo ver que tu espíritu necesita un tiempo reparador. Te estoy pidiendo que nos vayamos solos, amada novia. Tu Esposo eternal quiere fortalecer tu agobiada alma. Deja los asuntos de esta vida, y huyamos juntos por un tiempo. Permíteme revivir tu alma al sumergirte en mis ríos llenos de agua viva. Estoy esperando… esperando por ti… cuando estés lista. Ven a mí, amor mío, y escaparemos juntos a un solitario y pacífico lugar.

Con amor,

tu Príncipe,
tu lugar de descanso

VENGAN A MÍ TODOS USTEDES QUE

ESTÁN CANSADOS Y AGOBIADOS,

Y YO LES DARÉ DESCANSO.

MATEO 11:28

Mi Príncipe:

Estoy lista para dejar los asuntos de esta vida y huir contigo. No puedo esperar a estar junto a ti, Señor mío. Nadie me refresca del modo que tú lo haces. Nadie alivia mi alma y me ama como tú. Sí, estoy lista para dejar el mundo atrás y huir contigo. Ahora llévame junto a tranquilas aguas donde pueda descansar a tu lado.

Con amor,

tu princesa,
y solo tuya

EN VERDES PASTOS ME HACE DESCANSAR.

JUNTO A TRANQUILAS AGUAS ME CONDUCE;

ME INFUNDE NUEVAS FUERZAS.

ME GUÍA POR SENDAS DE JUSTICIA

POR AMOR A SU NOMBRE.

SALMO 23:2–3

Durante todos los días de tu vida,
nadie será capaz de enfrentarse a ti.
Así como estuve con Moisés,
también estaré contigo; no te
dejaré ni te abandonaré.

JOSUÉ 1:5

Mi amada novia:

Cuando alguien pronuncia palabras hirientes contra ti, es contra mí que lo hacen. Eres mi cáliz de honor y un trofeo de mi gracia. Mírame en busca de la verdad cuando te digan mentiras. Quien quiera molestarte tendrá que vérselas conmigo, mi amor. Escóndete en mi preciosa Palabra, y te recordaré mi valor inmensurable tantas veces como sea necesario. Soy tu Señor y Príncipe. Las batallas que enfrentas no son tuyas, prometida mía; yo quiero pelearlas en tu lugar. Puedo cargar con sus insultos y ataques, pero tú eres demasiado delicada para soportar estas batalles espirituales sola. ¡Así que escóndete detrás de mí y déjame defenderte hasta el fin!

Con amor,
tu Señor y Defensor

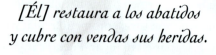

[Él] restaura a los abatidos
y cubre con vendas sus heridas.

SALMO 147:3

Señor mío:

Necesito con desesperación que sanes mi corazón de todas las mentiras que han dicho de mí. Cada día al sentarme contigo a leer tu Palabra, enséñame cuál es mi verdadera identidad. Estoy lista para cambiar todas las mentiras por tu verdad. Estoy lista para dejarte renovar mi mente y refrescar mi espíritu una vez más. Gracias por nunca darte por vencido conmigo, ni siquiera cuando yo sí lo hago.

Con amor,

tu princesa,
quien ama tu verdad

ACUDIRÉ SIEMPRE QUE ME LLAMES

Mi princesa y novia:

Acudiré siempre que me llames, mi amor. Convócame todas las veces que me necesites, y vendré a consolarte. Nunca me canso de escuchar tu dulce voz dirigiéndose a mí. Cuando tu corazón esté destrozado, quiero ser yo quien vuelva a unir todos los pedazos. Cuando te sientas vacía, te llenaré una y otra vez. Cuando tu espíritu esté abatido, amor, aquí estaré para vivificar tu alma. Ten la seguridad, princesa mía, de que estoy siempre disponible para ti, todas las veces que me necesites. Llámame y responderé.

Con amor,
tu Príncipe,
quien está a una oración de distancia

Los justos claman, y el Señor los oye;
los libra de todas sus angustias.
El Señor está cerca de los
quebrantados de corazón,
y salva a los de espíritu abatido.

SALMO 34:17–18

Mi Príncipe:

Adoro llamarte, Señor mío. Me da una asombrosa paz saber que tú, el Hijo de Dios, escuchas mi clamor y vienes a mi rescate. ¡Qué privilegio inmerecido el conocer personalmente al único que realmente comprende de qué tengo que ser rescatada! Gracias por ser quien eres, y por todo lo que haces por mí, amado Príncipe. Es una enorme bendición ser tu novia.

Con amor,

tu novia,
quien está eternamente agradecida

En mi angustia invoqué al Señor;
clamé a mi Dios,
y él me escuchó desde su templo;
¡mi clamor llegó a sus oídos!

....

SALMO 18:6

ÉL CUBRE DE NUBES EL CIELO,

ENVÍA LA LLUVIA SOBRE LA TIERRA

Y HACE CRECER LA HIERBA EN LOS MONTES.

....

SALMO 147:8

Mi princesa y novia:

Me llena de gozo poner color a tu mundo, amada prometida. Cuando comiences a dudar de mi devoción a ti, búscame y crearé nuevas maneras de demostrarte cuán apasionadamente te amo. Pintaré el cielo de dicha celestial para levantar tu espíritu. Crearé un arco iris radiante en un día nublado para recordarte que cumplo todas mis promesas. Haré crecer delicadas flores, tan solo para verte sonreír. Estoy aquí para endulzar tus días y llevar todas tus cargas por ti. Enviaré una brisa fresca para acariciar tu rostro en un día caluroso, simplemente para recordarte lo mucho que te amo.

Con amor,
tu Señor y Creador

LA BONDAD Y EL AMOR ME SEGUIRÁN

TODOS LOS DÍAS DE MI VIDA;

Y EN LA CASA DEL SEÑOR

HABITARÉ PARA SIEMPRE.

....

SALMO 23:6

Mi Príncipe:

Tu dedicación a mí, Señor mío, cautivó mi corazón. Me quebranto al reflexionar sobre todos los días que pasé sin ver las maravillosas cosas de este mundo que creaste para agradarme. Demasiadas veces estuve enceguecida por las preocupaciones de la vida. Abre mis ojos, mi Príncipe, para que no vuelva a perderme otro día de la expresión de tu amor por mí. ¡Realmente amo el modo en que llenas de color mi mundo!

Con amor,
tu novia que te adora

Mi amada prometida:

Sé que tu corazón anhela soñar. No pierdas de vista tu esperanza, amada mía; he puesto dentro de ti esa pasión para hacer algo grandioso durante tu reinado aquí en la tierra. Quiero ser quien te ensalce en el tiempo señalado. Si estás dispuesta a esperar en mí, te llevaré a un lugar en el que los sueños se hacen realidad. Permíteme ser quien te dé tus alas, novia mía. Soy el único que puede elevarte mucho más alto de lo que jamás podrías llegar volando por tus propios medios. Al planear conmigo verás al mundo desde un punto de vista completamente nuevo.

Con amor,
tu Príncipe,
quien te levanta

Los que confían en el Señor
renovarán sus fuerzas;
volarán como las águilas:
correrán y no se fatigarán,
caminarán y no se cansarán.

ISAÍAS 40:31

Mi Príncipe:

Eres el viento que me lleva a donde quiero ir. Eres el dulce incienso que endulza mi vida. Sí, Señor, esperaré en ti para recibir mis alas. Prepárame para cuando llegue mi tiempo de volar. Sé mis fuerzas, que pueda correr esta carrera sin rendirme jamás o cansarme al esperar. Te agradezco mis alas por adelantado.

Con amor,

tu novia,
que ansía volar contigo

Al que puede hacer muchísimo
más que todo lo que podamos
imaginarnos o pedir, por el poder
que obra eficazmente en nosotros.

EFESIOS 3:20

NUNCA TE ABANDONARÉ

Mi princesa:

Sé que vives en un mundo en el cual muchas relaciones llegan a un fin amargo, amor mío. Pero no soy hombre; soy tu Señor y tu Príncipe. Nunca te dejaré ni te abandonaré, mi amada prometida. Si caminas conmigo, jamás caminarás sola. Estoy contigo dondequiera que estés, y nunca te abandonaré. Si alguna vez dudas de que esté aquí, tan solo pídemelo, y me daré a conocer de un modo muy especial. Haré lo que sea necesario para probarte mi lealtad. Puedes confiar tu corazón a mi cuidado. Cuando alces tu mirada, jamás te decepcionaré.

Con amor,
tu Príncipe,
quien siempre será tuyo

AUN SI VOY POR VALLES TENEBROSOS,

NO TEMO PELIGRO ALGUNO

PORQUE TÚ ESTÁS A MI LADO;

TU VARA DE PASTOR ME RECONFORTA.

....

SALMO 23:4

Mi Príncipe fiel:

Gracias por ser mi único y verdadero amor. Gracias por ser quien se anima a entrar en mi vida cuando otros salen de ella. ¡Qué tranquilidad me da saber que nunca estoy sola, porque soy tuya! Tu fidelidad es el fundamento de la esencia de mi ser. Señor, abre mis ojos espirituales para que pueda verte, que pueda sentir tu presencia y jamás dudar de que estás conmigo.

Con amor,

tu princesa,
quien quiere estar cerca

AUNQUE MI PADRE Y MI MADRE ME ABANDONEN,

EL SEÑOR ME RECIBIRÁ EN SUS BRAZOS.

SALMO 27:10

La bondad y el amor me seguirán
todos los días de mi vida;
y en la casa del Señor
habitaré para siempre.

SALMO 23:6

Mi novia:

Verte disfrutar de las bendiciones que preparé para ti me causa gran placer. Adoro sorprender a mi novia con pequeños obsequios que solo ella puede ver. Recibe hoy de mí. No dejes que las dificultades de esta vida te hagan perder de vista quien eres y todo lo que tengo para ti. Recuerda, amor mío, eres mi realeza y mi tesoro. ¡Mira ahora al cielo y sonríe, porque lo mejor está por venir!

Con amor,
tu Príncipe y Bendición

Se hablará del poder de tus portentos,
y yo anunciaré la grandeza de tus obras.
Se proclamará la memoria
de tu inmensa bondad,
y se cantará con júbilo tu victoria.

SALMO 145:6–7

Mi generoso Príncipe:

Ser tuya me hace sentir la más bendecida
de las novias. Amo tus pequeñas sorpresas.
Hoy abro mi corazón completamente para
recibir todo lo que tienes para mí. No quiero
perderme nada de lo que planeaste para
nuestra vida juntos. Vierte tu favor y tus
bendiciones sobre mí. Que todo el mundo vea
que soy tu princesa. Gracias por el mejor de
los regalos… ¡la eternidad contigo!

Con amor,

tu princesa,
quien celebra todo lo que haces

Mi novia:

¡Como Esposo eternal hay tantas cosas que tengo para darte! Te ofrezco vida eterna y acceso irrestricto a mi presencia. Te otorgo gozo inexplicable, una vida abundante y un hogar eterno. Como mi prometida, tus oraciones llegan al cielo y las vidas de las personas cambian para siempre, porque escucho cada palabra que me susurras. Pero hay más, amada mía. Yo le ordeno a mis ángeles que hagan guardia sobre ti. ¡Hay tantas cosas de las que te salvaste sin saberlo! Considérate bendecida sabiendo que en cualquier lugar donde estés, yo te cubrí. Y seguiré haciéndolo hasta que llegues a casa conmigo, de una vez y para siempre.

Con amor,
tu Príncipe y único Proveedor

Alaben al Señor, ustedes sus ángeles,
paladines que ejecutan su palabra
y obedecen su mandato.
Alaben al Señor, todos sus ejércitos,
siervos suyos que cumplen su voluntad.

SALMO 103:20–21

Mi Príncipe:

¿Cómo podría rechazar el tipo de vida que me ofreces? No existe nadie en el mundo que pueda darme el tipo de relación que tú provees. Para ser sincera, Señor mío, cuando pienso en todo lo que haces e hiciste por mí, me avergüenza recordar la cantidad de veces que di todo eso por sentado. Ciertamente eres el Amante de mi alma y todo lo que siempre desee.

Con amor,

tu princesa,
quien realmente te ama

Porque él ordenará que sus ángeles
te cuiden en todos tus caminos.

....

SALMO 91:11

EL SEÑOR ES MI PASTOR, NADA ME FALTA;

EN VERDES PASTOS ME HACE DESCANSAR.

JUNTO A TRANQUILAS AGUAS ME CONDUCE;

ME INFUNDE NUEVAS FUERZAS.

ME GUÍA POR SENDAS DE JUSTICIA

POR AMOR A SU NOMBRE.

....

SALMO 23:1–3

Mi princesa:

Siempre estaré contigo, en salud y enfermedad. Deja que yo, tu Señor, te reconforte y te lleve a un lugar en el cual tu alma pueda reposar aun cuando tu cuerpo esté enfermo. Brindaré paz y sanidad a mi princesa. No debes temer, amada mía. Estuve allí cuando respiraste por primera vez, y ahí estaré cuando lo hagas por última vez. Puedo sanarte con un solo toque, o puedo llevarte a tu hogar celestial conmigo. Pero ten la certeza de que te sostendré ahora y hasta que finalmente nos veamos cara a cara.

Con amor,
tu *Príncipe y Sanador*

SEÑOR MI DIOS, TE PEDÍ AYUDA

Y ME SANASTE.

TÚ, SEÑOR, ME SACASTE DEL SEPULCRO;

ME HICISTE REVIVIR DE ENTRE LOS MUERTOS.

....

SALMO 30:2–3

Mi Príncipe:

Es tan duro para mí estar enferma. Reconfórtame, por favor, y tócame con tus manos de sanidad. Dame fuerzas físicas cuando esté débil. Necesito que estés a mi lado. Necesito un toque de mi Príncipe. Estoy débil, pero tú eres mi fuerza. Aliméntame con nutrientes espirituales para que pueda decir: «Estoy bien con mi Dios».

Con amor,
tu princesa,
quien confía en ti

Mi prometida:

Habrá momentos en que sentirás que estoy lejos de ti. Pero eso no es verdad, amor mío. Tus sentimientos te engañarán, pero yo nunca lo haré. Soy la verdad que siempre te ayudará a encontrar el camino de regreso a mí. Por lo tanto, cada vez que te sientas perdida, solo alza tus ojos, y seré quien alumbre tu camino. Cuando tu mundo parezca oscuro, seré tu brújula y tu consuelo. Te cargaré hasta la línea de llegada cuando estés muy débil para correr. Nunca estarás perdida si mantienes en mí tu mirada. Aun cuando no tengas las fuerzas para continuar, yo te fortaleceré.

Con amor,
tu Príncipe y tu Camino

Tu protección me envuelve por completo;
me cubres con la palma de tu mano.
Conocimiento tan maravilloso
rebasa mi comprensión;
tan sublime es que no puedo entenderlo.

SALMO 139:5–6

Mi maravilloso Señor:

Desde el fondo de mi alma te agradezco por demostrarme constantemente lo fuerte que es tu pasión por mí. Sí, Señor, hay días que me siento perdida y lejos de ti. Mi corazón sabe que tú nunca te alejas, pero de algún modo, sin importar lo mucho que intento permanecer cerca de ti, me siento alejada de tu amor y verdad. Me deja pasmada ver cómo, sin importar lo que haga o diga, continuamente corres tras de mí. ¡Estoy tan agradecida de que nunca, nunca te des por vencido conmigo!

Con amor,
tu princesa,
quien quiere ser encontrada

Señor, tú me examinas,
tú me conoces.
Sabes cuándo me siento
y cuándo me levanto;
aun a la distancia me lees el pensamiento.

SALMO 139:1–2

Mi princesa y novia:

Quiero que celebres conmigo la vida. ¡Hay tantas cosas maravillosas que tenemos que anhelar! Amada mía, no dejes que este mundo te impida festejar quien eres y las cosas extraordinarias que vendrán. Lo que ahora parece penoso pronto acabará, ¡pero el gozo que vendrá será eterno! Así que detente un momento. Haz algo para celebrar la relación de amor que tenemos juntos. Imagina el grande y glorioso día de nuestra boda, y mientras lo haces, deja que tu corazón se deleite en lo bello que vendrá.

Con amor,
tu Príncipe y Gozo

EL GRITO DE GOZO Y ALEGRÍA, EL CANTO
DEL NOVIO Y DE LA NOVIA, Y LA VOZ DE LOS
QUE TRAEN A LA CASA DEL SEÑOR OFRENDAS
DE ACCIÓN DE GRACIAS Y CANTAN:
«DEN GRACIAS AL SEÑOR TODOPODEROSO,
PORQUE EL SEÑOR ES BUENO,
PORQUE SU AMOR ES ETERNO».

JEREMÍAS 33:11

Mi amado Príncipe:

Sí, Señor, celebraré nuestro mutuo amor.
Gracias por recordarme que festeje la
vida contigo. ¿Quién soy yo para recibir la
bendición de ser tu prometida? Realmente
tengo mucho para estar agradecida. Que mi
corazón nunca olvide tomar tiempo para
celebrar tu inagotable amor por mí.

Con amor,
tu princesa,
que te ama

ENALTÉCETE, SEÑOR, CON TU PODER,

Y CON SALMOS CELEBRAREMOS TUS PROEZAS.

....

SALMO 21:13

Él fue traspasado por nuestras rebeliones,
y molido por nuestras iniquidades;
sobre él recayó el castigo,
precio de nuestra paz,
y gracias a sus heridas fuimos sanados.

ISAÍAS 53:5

Mi novia y princesa:

Te cubrí con mi sangre. Te he amado con mi vida. No te veo del modo que tú te ves. Por eso pagué el precio más alto por todas y cada una de las cosas que hayas hecho. Eres mi novia pura e inmaculada. Si te niegas a recibir mi perdón, amor mío, estás implicando que mi muerte en la cruz no fue suficiente para ti. Cuando pides perdón, arrojo tu pecado al fondo del mar del olvido y ya no lo recuerdo más. Ahora danza con el gozo de tu salvación, mi bella prometida… ¡porque eres libre!

Con amor,
tu Príncipe y Pureza

Dichoso aquel
a quien se le perdonan sus transgresiones,
a quien se le borran sus pecados.
Dichoso aquel
a quien el Señor no toma
en cuenta su maldad
y en cuyo espíritu no hay engaño.

SALMO 32:1–2

Mi Príncipe:

Diste tu vida por todos mis errores, y todo lo que pides a cambio es que reciba tu regalo de un nuevo día y una nueva vida. ¡Es tan difícil creer que todo lo que hice mal se perdió en el mar del olvido! ¿Cómo puedes amarme tan inmensamente como para lavar las manchas de mi culpa con tu sangre? Ayúdame a aceptar de verdad tu perdón que transforma vidas. Que nunca vuelva a mirar hacia atrás, a lo que fui. Que transite el resto de mis días como tu novia pura y tu princesa.

Con amor,

tu prometida,
quien fue perdonada para siempre

ERES COMPLETAMENTE VALIOSA PARA MÍ

Mi invalorable novia:

Rompes mi corazón cuando dudas de lo mucho que vales. Pagué el máximo precio para demostrarte lo valiosa que eres, amada mía. Te amé con mi vida. Cuando te sientas insegura acerca de quien eres, mira la cruz. Nada de lo que puedas decir o hacer en esta vida cambiará el modo que siento por ti. ¡Eres un tesoro tan grande para mí! Te di mi vida para librarte de una vida despreciable. Vine para que mi prometida pueda vivir una vida abundante. Camina ahora en mi confianza, no en la tuya… y comenzarás a sentir tu verdadero valor.

Con amor,
tu Príncipe,
quien te valora

Porque eres pueblo consagrado al Señor tu Dios. Él te eligió de entre todos los pueblos de la tierra, para que fueras su posesión exclusiva.

DEUTERONOMIO 14:2

Mi Señor:

Perdóname, mi Príncipe, por demorarme en aceptar el precio que pagaste para que sea tu novia. ¡A veces me siento tan indigna de ser tu prometida! ¿Quién soy yo para que dieras tu vida por la mía? ¿Quién soy yo para que tomaras el castigo que merecía y lo intercambiaras por lo que es legalmente tuyo en el cielo y en la tierra? Para ser honesta contigo, mi Señor, no logro comprender lo mucho que pagaste por mi vida. Quizás nunca lo haga. Lo que sí sé es que el Salvador del mundo me ama, y eso me basta para sentirme como un tesoro.

Con amor,

tu princesa,
quien valora tu amor

Porque donde esté tu tesoro,
allí estará también tu corazón.

....

MATEO 6:21

Y LES ASEGURO QUE ESTARÉ CON USTEDES
SIEMPRE, HASTA EL FIN DEL MUNDO.

MATEO 28:20

EVANTARÉ EL VELO

Mi amada novia:

Sé que a veces sientes como si hubiera un velo sobre tus ojos. Hay muchas cosas de esta vida que no entenderás, pero un día levantaré el velo, y entonces verás que tenía un plan y un propósito divino para todo lo que has pasado en esta vida. Un día tocaré tu mejilla y secaré la última lágrima que caerá por ella. Un día me verás cara a cara, y ni el cielo ni la tierra ya nos podrán separar. Por ahora, amada mía, te doy mi Espíritu para guiarte cada día, y ordeno a mis ángeles que te guarden hasta el día de mi regreso.

Con amor,
tu Príncipe eternal

AHORA VEMOS DE MANERA INDIRECTA Y
VELADA, COMO EN UN ESPEJO; PERO ENTONCES
VEREMOS CARA A CARA. AHORA CONOZCO
DE MANERA IMPERFECTA, PERO ENTONCES
CONOCERÉ TAL Y COMO SOY CONOCIDO.
....
1 CORINTIOS 13:12

Mi amado Príncipe:

Escóndeme en tus brazos misericordiosos y habla a mi espíritu, Señor. Necesito escuchar una vez más tu voz calma susurrando: «Aquí estoy». Con toda la decadencia social que veo a mi alrededor, necesito un atisbo de lo que vendrá. Recuérdame permanecer quieta y dejarte borrar mis temores al leer tu Palabra. Que viva una vida orientada por la eternidad y deposite mi esperanza en la próxima generación.

Con amor,

tu princesa,
quien anhela ver tu rostro

Mi amada:

Solo yo veo los temores ocultos de tu corazón,
amor mío. Cuando temas a las tormentas que
braman en esta vida, escúchame susurrar:
«Permanece quieta y conoce que yo soy Dios».
Cierra tus ojos y clama a mí, porque soy tu
Príncipe de paz. Calmaré la tormenta que está
dentro de ti. Cada vez que me permitas navegar
por tu vida, recordarás que soy tu Capitán.
Puedes contar conmigo. Hice los mares, y soy tu
faro cuando necesitas esperanza.

Con amor,
tu Príncipe y Salvador

Cambió la tempestad en suave brisa:
se sosegaron las olas del mar.

SALMO 107:29

Mi Príncipe:

A pesar de saber que siempre estás ahí, debo admitir que demasiadas veces dejé que tu verdad se hundiera en la tormenta que azota mi interior. Necesito que me ayudes a confiar en ti cuando sienta que estoy por ahogarme. Que mi espíritu esté tan conectado con el tuyo que pueda escucharte susurrar: «Estoy aquí para salvarte». Adoro saber que tengo un poderoso Salvador que puede rescatarme en todas las tormentas, y lo hará. Gracias por ser mi salvavidas.

Con amor,
tu princesa,
quien ama que la salves

El Señor tu Dios está en medio de ti
como guerrero victorioso.
Se deleitará en ti con gozo,
te renovará con su amor,
se alegrará por ti con cantos.

SOFONÍAS 3:17

DÉJAME DARTE UNA NUEVA VISIÓN

Mi prometida:

Permíteme dejar algo claro en tu mente y alma, de una vez por todas, novia mía. Yo no te veo del modo que tú lo haces. Tú ves tu pecado, y yo veo una princesa perdonada. Tú ves quien fuiste, y yo veo quien serás al coronarte en mi gloria. Tú te atribuyes culpa, yo te doy gracia. Tú te mantienes presa de tu pasado, yo te doy la llave de la libertad en mí. Eres adorable a mis ojos, y nada de lo que puedas hacer o decir cambiará esta verdad. Ahora déjame abrir tus ojos para que puedas ver todo aquello por lo cual morí, ¡para que puedas tener una nueva visión de ti misma!

Con amor,
tu Príncipe y nueva vida

«VENGAN, PONGAMOS LAS COSAS EN CLARO»

—DICE EL SEÑOR—.

«¿SON SUS PECADOS COMO ESCARLATA?

¡QUEDARÁN BLANCOS COMO LA NIEVE!

¿SON ROJOS COMO LA PÚRPURA?

¡QUEDARÁN COMO LA LANA!»

ISAÍAS 1:18

Mi misericordioso Señor:

Gracias, Señor, por ser mi Príncipe de paz y el lugar de descanso para mi agitada alma. Estás en lo cierto, Señor, lucho por dejar ir la culpa y recibir tu gracia. En verdad necesito que abras mis ojos para poder ver tu verdad. En la cruz dijiste: «Todo se ha cumplido». Que recuerde las palabras que pronunciaste con tu último aliento en el Calvario. Que pueda dejar la prisión de mi pasado para siempre y poner mi vida en tus manos de este día en adelante.

Con amor,

tu princesa,
quien ahora ve con claridad

DE HECHO, EN EL EVANGELIO SE REVELA LA
JUSTICIA QUE PROVIENE DE DIOS, LA CUAL ES
POR FE DE PRINCIPIO A FIN, TAL COMO ESTÁ
ESCRITO: «EL JUSTO VIVIRÁ POR LA FE».

ROMANOS 1:17

Sin embargo, como está escrito:
«Ningún ojo ha visto,
ningún oído ha escuchado,
ninguna mente humana ha concebido
lo que Dios ha preparado
para quienes lo aman».

1 CORINTIOS 2:9

Mi amada novia:

Detente un momento y cierra tus ojos…
sueña conmigo. Piensa en el grande y glorioso
día en el que finalmente nos veremos cara
a cara. Imagina las conversaciones que
tendremos mientras caminamos por el lago
de cristal, y las canciones que entonaremos
al celebrar juntos la eternidad. Imagínate
paseando por las calles de oro que pavimenté
para tus hermosos pies. Permanece en
calma, preciosa mía, y déjame renovar hoy la
esperanza eternal en tu corazón. El cielo no es
solo un sueño para ti, amada mía. El cielo es
una realidad.

Con amor,
tu Príncipe,
quien adora soñar contigo

Vi además la ciudad santa, la nueva
Jerusalén, que bajaba del cielo, procedente
de Dios, preparada como una novia
hermosamente vestida para su prometido.

APOCALIPSIS 21:2

Mi Príncipe:

Cuando me desaliente en los días venideros, recuérdame con tu Espíritu Santo que cierre mis ojos y sueñe con las cosas celestiales que vendrán. ¡Cómo anhela mi corazón el día en que me vista como tu hermosa novia! ¡Qué bello será vernos cara a cara! ¡Qué maravilloso será caminar a tu lado donde ya no haya sufrimiento! Gracias, Príncipe mío, por recordarme lo que vendrá. ¡Sí, soñaré contigo!

Con amor,
tu princesa,
quien ama soñar

Mi princesa y novia:

Sé cómo se rompe tu corazón por el dolor que
ves en ocasiones, mi amor. Quiero que sepas
que cuando se rompe tu corazón, también lo
hace el mío. No siempre será así, mi amada
prometida. Un día rozaré tus mejillas y
secaré la última lágrima que jamás volverás
a derramar. Pero por ahora, quiero que ores
a favor de quienes necesitan un toque mío.
Aférrate a la esperanza, ¡que pronto estaré
allí para mi novia!

Con amor,
tu Príncipe y dicha infinita

Él les enjugará toda lágrima de los ojos. Ya no habrá muerte, ni llanto, ni lamento ni dolor, porque las primeras cosas han dejado de existir.

APOCALIPSIS 21:4

Mi Príncipe:

En verdad se quiebra mi corazón con lo que veo a mi alrededor, y a veces me siento desamparada. Anhelo ver a las personas libres del dolor y el sufrimiento. Renueva la esperanza eternal en mi corazón, Señor mío. En la niebla de las penurias de esta vida, dame tu dicha inexpresable. Dame pasión por las personas; pon en mí la necesidad de llevar a otros el regalo de tu esperanza infinita y de una nueva vida. Mantén mis ojos puestos en las dichas que vendrán. ¡Amén!

Con amor,
tu princesa y novia,
que te necesita

Volverán los rescatados del Señor,
y entrarán en Sión con cánticos de júbilo;
su corona será el gozo eterno.
Se llenarán de regocijo y alegría,
y se apartarán de ellos el
dolor y los gemidos.

ISAÍAS 51:11

MIRA QUE ESTOY A LA PUERTA Y LLAMO.

SI ALGUNO OYE MI VOZ Y ABRE LA PUERTA,

ENTRARÉ, Y CENARÉ CON ÉL, Y ÉL CONMIGO.
....

APOCALIPSIS 3:20

Mi prometida:

Estoy llamando a la puerta de tu corazón y deseando que cenes conmigo. Si abres la puerta, entraré. Preparé un festín para ti, amada mía. ¿Aceptarás mi invitación? Anhelo alimentar tu alma hambrienta, hasta que estés completamente satisfecha. Deja que tu Príncipe entre y nutra tu espíritu, tu mente y tu cuerpo. Soy el único que en verdad puede hacerlo.

Con amor,
tu Príncipe y satisfacción

DISPONES ANTE MÍ UN BANQUETE

EN PRESENCIA DE MIS ENEMIGOS.

HAS UNGIDO CON PERFUME MI CABEZA;

HAS LLENADO MI COPA A REBOSAR.

....

SALMO 23:5

Mi Señor:

Sí, Príncipe mío, acepto tu invitación para cenar juntos. Ven y alimenta mi hambrienta alma. Nunca dejes de llamar a la puerta de mi corazón, porque necesito desesperadamente sentarme a tu lado cada día. Es un honor que me concedas el privilegio de cenar contigo. Señor, alimenta mi hambrienta alma, por favor. Nada se compara con tener tu presencia en mí. ¡Mi copa reboza con tu gozo cuando satisfaces mi sed!

Con amor,

tu princesa,
quien está abriendo la puerta

Mi prometida:

Llámame por mi nombre en la mañana
y me escucharás susurrar: «Te amo».
Búscame y percibirás mi presencia cerca de
ti. Cuando intentes alcanzarme, extenderé
hacia ti mi mano misericordiosa, amor mío.
Mis misericordias para ti son nuevas cada
mañana. A pesar de que por momentos
sientas que no estoy cerca, sí lo estoy. Eres mi
amor, y nunca te abandonaré. Te mantendré
abrigada cuando el mundo esté frío. Nunca
más tendrás que preguntarte si estaré allí en
la mañana cuando despiertes.

Con amor,
tu *Príncipe y gloria matinal*

El gran amor del Señor nunca se acaba,
y su compasión jamás se agota.
Cada mañana se renuevan sus bondades;
¡muy grande es su fidelidad!
Por tanto, digo:
«El Señor es todo lo que tengo.
¡En él esperaré!»

LAMENTACIONES 3:22–24

¡Buenos días, mi Señor!

Te amo, Príncipe mío. ¿Me hablarás hoy de un modo especial? ¡Cuánto deseo oír tu voz calma expresando tu amor por mí! Quiero que esta mañana tu voz me riegue, y transitar este día como la muy apreciada princesa que dices que soy. A pesar de que me resulta extraño hablarte cuando no puedo verte cara a cara, te hablo por fe y te invito a mi hoy y a todas mis mañanas.

Con amor,

tu prometida,
quien está lista para que la despiertes

Por la mañana, Señor,
escuchas mi clamor;
por la mañana te presento mis ruegos,
y quedo a la espera de tu respuesta.

SALMO 5:3

Mi princesa:

Por favor amor, no te alejes de mí cuando la vida te golpee duro. Sé que muchas veces estás tan dolida que quieres culparme. Entiendo lo difícil que es para ti mantener tu corazón comprometido conmigo cuando sientes que desaparecí en la niebla de tu desesperación. Estoy aquí, y estoy solucionando los problemas por ti aun cuando parece que nada ha cambiado. Mi mano está sobre ti y te la ofrezco en todo momento. Nadie puede sostenerte tan cerca como yo. Así que, no huyas de mí, amor mío. Déjame sostenerte en mis brazos de misericordia.

Con amor,
tu Príncipe y Perseguidor

LA BONDAD Y EL AMOR ME SEGUIRÁN

TODOS LOS DÍAS DE MI VIDA;

Y EN LA CASA DEL SEÑOR

HABITARÉ PARA SIEMPRE.

....

SALMO 23:6

Mi Príncipe:

A veces quiero huir de todo, incluso de ti, mi Señor. Sé que sin tu presencia en mi vida, yo estaría perdida, así que te ruego que no me dejes ir. Necesito que me persigas cada día. Anhelo que me sostengas muy cerca de ti, aun cuando mi corazón esté lejos de ti. Permíteme experimentar tu presencia día y noche. Gracias por no darte nunca por vencido conmigo, Señor mío, incluso cuando yo sí lo hago.

Con amor,

tu novia fugitiva

YO AMO AL SEÑOR

PORQUE ÉL ESCUCHA MI VOZ SUPLICANTE.

POR CUANTO ÉL INCLINA A MÍ SU OÍDO,

LO INVOCARÉ TODA MI VIDA.

....

SALMO 116:1–2

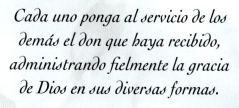

Cada uno ponga al servicio de los
demás el don que haya recibido,
administrando fielmente la gracia
de Dios en sus diversas formas.

1 PEDRO 4:10

Mi novia bendecida

He puesto un don dentro de tu alma, que te
dará gran dicha y propósito. Está enterrado
en tu interior, esperando que lo descubras.
No permitas que las distracciones cotidianas
lo consuman, ni que la desilusión lo ahogue.
Cuando estés dispuesta a abrirme tu corazón
y recibir de tu Esposo eternal, te mostraré
cómo desenvolver tus sueños y esperanzas y te
enseñaré a ser quien te diseñé para ser. Soy el
dador de todo don bueno y perfecto, así que
no temas creer lo que digo, amada. El don
que te ofrezco es eterno e invalorable.

Con amor,
tu Príncipe dador de dones

El Señor cumplirá en mí su propósito.
Tu gran amor, Señor,
perdura para siempre;
¡no abandones la obra de tus manos!

SALMO 138:8

Mi Señor y Príncipe:

Aquí está tu novia, lista y esperando para dejarte desenvolver el don que pusiste en mí. Quiero usar el don que hayas puesto en mí para extender tu reino. Amo saber que mi Príncipe descendió del cielo para entregarme un obsequio. Que nunca rechace lo que me diste, y que cumpla mi destino mientras espero tu regreso.

Con amor,
tu princesa,
quien quiere ser un don

Mi novia eternal:

Siempre te conocí, siempre te amé y siempre estuve contigo. Cuando fuiste formada, estuve contigo en la matriz de tu madre. En tu primer aliento, respiré contigo. Conozco tu pasado y también tu futuro. Te acompañaré durante toda tu vida, amada mía. Ahora estoy contigo en espíritu. Soy el Alfa y la Omega. Soy todos tus nuevos comienzos y tus finales. Eres parte de mí, mi amor. Soy tu Esposo eternal, quien te otorgará tu propio «felices para siempre». Te amo.

Con amor,

tu Príncipe,
por siempre y para siempre

«Yo soy el Alfa y la Omega»
—dice el Señor Dios—, «el que es y que
era y que ha de venir, el Todopoderoso».

APOCALIPSIS 1:8

Mi Príncipe:

Mi mente no puede entender que hayas
estado en cada día de mi pasado, pero
mi corazón se eleva, sabiendo que estarás
en cada día de mi futuro. ¡Anhelo tanto
compartir el resto de mi vida contigo,
Príncipe mío! Quiero llorar y reír contigo.
Me trae una tranquilidad enorme saber que
sostienes mi futuro en la palma de tu mano.
Ser tuya me hace sentir como la novia más
bendecida de la tierra.

Con amor,

tu novia,
quien está enamorada de ti

«¡Miren que vengo pronto! Traigo
conmigo mi recompensa, y le pagaré
a cada uno según lo que haya hecho.
Yo soy el Alfa y la Omega, el Primero
y el Último, el Principio y el Fin».

APOCALIPSIS 22:12–13

«AMA AL SEÑOR TU DIOS CON TODO
TU CORAZÓN, CON TODO TU SER Y
CON TODA TU MENTE» —LE RESPONDIÓ
JESÚS—. «ÉSTE ES EL PRIMERO Y EL MÁS
IMPORTANTE DE LOS MANDAMIENTOS».
....

MATEO 22:37–38

Mi princesa:

¿Te rendirás toda a mí? Nunca te forzaré a
hacerlo, pero siempre desearé que así lo elijas.
Por favor, dale a tu Esposo la oportunidad
de amarte del modo que quiere. Soy el
Amante de tu alma. ¿Abrirás tu corazón y me
permitirás abrazarte con mi toque cariñoso?
Quiero robar tu tierno corazón de este
mundo y dejarlo florecer en el mío. Quiero
que te pierdas en mí de tal modo, que nada
pueda separarnos. Ven conmigo, amada, y te
completaré de todas las maneras.

Con amor,

tu Príncipe,
¡quien esperará el tiempo que sea necesario!

CUÍDAME COMO A LA NIÑA DE TUS OJOS;

ESCÓNDEME, BAJO LA SOMBRA DE TUS ALAS,

....

SALMO 17:8

Mi Príncipe:

Ciertamente te amo, Señor. ¡Eres el Amante de mi alma! ¿Cómo podría no amar al Príncipe que me amó con su vida? Tu amor es extravagante y extraordinario en todos sus aspectos. No hay nadie como tú. Nadie puede cautivar mi corazón del modo que tú lo haces. Cuando pienso en la eternidad contigo, casi puedo besar las estrellas. De este día en adelante, te entrego mi corazón, mi alma, y mi mente. Estoy más que lista para sumergirme en tu eterno amor por mí.

Con amor,

tu princesa y novia,
que es completamente tuya

Mi novia:

Vine para que experimentes una vida abundante, llena de divino propósito, una vida como ninguna otra. Piérdete en mí y encontrarás la verdadera felicidad que tu corazón anhela. Estoy esperando para llevarte a lugares que deleitarán las profundidades de tu alma. Deja ir tus modos, y tómate de los míos.

Comenzando ahora, deja que tu Príncipe te muestre la verdadera manera de vivir. Eres mía, y como mi prometida debes caminar con mi bendición. ¡Ahora respira hondo y recibe la vida dadora de vida, que satisface el alma y que es tuya con solo pedirla!

Con amor,
tu Príncipe y Dicha

El ladrón no viene más que a robar,
matar y destruir; yo he venido para que
tengan vida, y la tengan en abundancia.

JUAN 10:10

Mi Príncipe:

A veces mi vida parece tan vacía y carente de sentido. Muéstrame, Príncipe mío, cómo vivir el tipo de vida que tienes para mí. ¡Necesito tanto que tu Espíritu Santo me enseñe lo que significa vivir como tu novia y princesa! Estoy lista para dejar atrás mi antigua persona y convertirme en una novia recién casada, totalmente viva por estar tan enamorada… enamorada de ti, mi Señor. ¡Amén!

Con amor,
tu princesa,
que está lista para vivir

Me has dado a conocer la senda de la vida;
me llenarás de alegría en tu presencia,
y de dicha eterna a tu derecha.

SALMO 16:11

Mi novia y princesa:

Creé los cielos y la tierra para tu placer, prometida mía. Sí, el mundo es para que tú lo disfrutes. Tan solo abre tus ojos y echa un vistazo a tu alrededor, amada. Mira lo que creé para que te deleites: la lluvia para regar tu alma, las flores para que respires y huelas su dulce aroma, los atardeceres para que te den el beso de buenas noches. Te di montañas para escalar. Puse estrellas en los cielos para que iluminen tus noches. Sí, mi prometida, esto es para ti. Toma este momento y respira la bendita belleza que creé para tu deleite, mi princesa.

Con amor,

tu Príncipe,
quien creó este día para ti

QUE EL SEÑOR MULTIPLIQUE LA DESCENDENCIA

DE USTEDES Y DE SUS HIJOS.

QUE RECIBAN BENDICIONES DEL SEÑOR,

CREADOR DEL CIELO Y DE LA TIERRA.

SALMO 115:14–15

Mi amado Señor:

Me entristezco cuando pienso en todos los atardeceres que pintaste para mí y que me perdí; por las flores que olvidé oler y por el viento que susurraba que tú me amabas. Perdóname, Señor, por estar tan atrapada en mi mundo que olvidé entrar al tuyo. Sí, caminaré contigo hoy, ¡y que nunca más olvide apreciar una expresión de tu amor por mí!

Con amor,
tu princesa,
quien te buscará

TUYO ES EL CIELO, Y TUYA LA TIERRA;

TÚ FUNDASTE EL MUNDO Y

TODO LO QUE CONTIENE.

....

SALMO 89:11

Pero ustedes son linaje escogido, real sacerdocio, nación santa, pueblo que pertenece a Dios, para que proclamen las obras maravillosas de aquel que los llamó de las tinieblas a su luz admirable.

1 PEDRO 2:9

Mi novia:

Sé que muchas veces no te sientes de la realeza, amada, pero lo eres. Lo que sientes no define lo que eres. Eres mi tesoro y el amor de mi vida. Tus sentimientos pueden variar todos los días, pero los míos jamás lo harán. Nada puede quitarte tu posición real, porque estás sellada con mi sangre. Camina ahora en tu verdadera identidad y no vuelvas a dudar de que eres mi elegida para reinar en un tiempo como este, como mi princesa y novia.

Con amor,

tu Príncipe,
quien te escogió

Manténme alejado de caminos torcidos;
concédeme las bondades de tu ley.
He optado por el camino de la fidelidad,
he escogido tus juicios.

SALMO 119:29–30

Mi Príncipe:

Señor, necesito que me ayudes a cambiar las mentiras que creo sobre mí, por la verdad que tú dices que soy, «tu princesa y novia». Si bien deseo creer esto acerca de mí, muchas mentiras deben ser desechadas. Solo tú eres el único que puede darme una mente renovada. Así que aquí me presento, a la luz de tu verdad, pidiéndote una dulce liberación con un toque tuyo.

Con amor,

tu prometida,
quien anhela creer

DÉJAME LLEVAR TU CARGA

Mi princesa:

Aquí estoy, amada mía. Ahora déjame llevar tus cargas por ti. Mis hombros son lo suficientemente fuertes como para sostener toda carga demasiado pesada para ti sola. Soy tu Esposo eternal; estoy en tu vida para alivianar tu yugo. Ahora dile a tu Príncipe lo que necesitas que quite de tus hombros y así puedas continuar tu vida en paz. Sea lo que sea, mi amor, puedo soportarlo. Abre tus manos, y deposita tus preocupaciones en mí. ¡Quiero darle descanso a tu alma cansada y verte sonreír nuevamente!

Con amor,
tu fuerte Príncipe

*Vengan a mí todos ustedes que
están cansados y agobiados,
y yo les daré descanso.*

MATEO 11:28

Mi Príncipe de paz:

Mi espíritu está debilitado por esta carga que he tratado de llevar sola. ¡Cómo necesito que me quites mi yugo, Señor! Lo sostuve por tanto tiempo, que me siento atrapada debajo de un montón de problemas. Rescátame, por favor, y quita esta pesada carga a tu prometida. ¡Qué bendición es saber que tú eres tan fuerte y poderoso cuando yo soy débil! ¡Nadie sabe cómo alivianar mi vida mejor que tú, mi Príncipe!

Con amor,

tu cansada princesa,
quien está pronta a descansar

Carguen con mi yugo y aprendan de
mí, pues yo soy apacible y humilde
de corazón, y encontrarán descanso
para su alma. Porque mi yugo es
suave y mi carga es liviana.

....

MATEO 11:29-30

GRÁBAME COMO UN SELLO SOBRE TU CORAZÓN;

LLÉVAME COMO UNA MARCA SOBRE TU BRAZO.

FUERTE ES EL AMOR, COMO LA MUERTE,

Y TENAZ LA PASIÓN, COMO EL SEPULCRO.

COMO LLAMA DIVINA

ES EL FUEGO ARDIENTE DEL AMOR.

NI LAS MUCHAS AGUAS PUEDEN APAGARLO,

NI LOS RÍOS PUEDEN EXTINGUIRLO.

SI ALGUIEN OFRECIERA TODAS SUS RIQUEZAS

A CAMBIO DEL AMOR,

SOLO CONSEGUIRÍA EL DESPRECIO.

....

CANTARES 8:6–7

Mi prometida:

En verdad soy el Amante de tu alma. ¿Te permitirás ser una con tu Señor, amada mía? Esperaré hasta que estés lista para dejar que tu vida quede escondida en mí. Si permites que mi intenso amor se establezca dentro de tu corazón, nos convertiremos en una hermosa danza, una sencilla melodía llena de armonía celestial. ¿Me dejarás estar lo suficientemente cerca como para convertirnos en una canción, una carne, entrelazados juntos por toda la eternidad? Estoy aquí, esperando para amarte como nunca te amaron.

Con amor,
tu Príncipe,
quien ama ser uno contigo

HAGAN VOTOS AL SEÑOR SU DIOS, Y CÚMPLANLOS;

QUE TODOS LOS PAÍSES VECINOS

PAGUEN TRIBUTO AL DIOS TEMIBLE,

....

SALMO 76:11

Mi Príncipe:

¡Sí! Quiero ser una contigo desde ahora y para siempre, Señor mío. Rindo mi corazón al tuyo y entro en este pacto eterno del que hablas. Porque iré a donde tú guíes, y viviré donde tu vivas. Tus caminos serán mis caminos. Anhelo ser una contigo desde hoy en adelante. Por siempre y para siempre serás mi Dios y mi Esposo eternal. ¡Qué bendición es ser tu prometida!

Con amor,

tu novia,
quien está perdida en ti

ESTOY PREPARANDO LA CASA DE TUS SUEÑOS

Mi princesa y novia:

En este preciso instante, mientras lees esta carta, estoy preparando en el cielo la casa de tus sueños. Apenas puedo esperar para ver tu rostro en el momento que atravieses el umbral y te instales en tu morada eternal, mi hermosa novia. Este lugar que tu Príncipe está preparando para ti supera todo lo que puedas imaginar. Cuando finalmente estés en casa conmigo, caminaremos juntos por las calles pavimentadas con el oro más fino, atravesando el lago de cristal. Los ángeles cantarán a nuestro alrededor, mientras celebramos la vida juntos.

Con amor,
tu Arquitecto eternal

Sin embargo, como está escrito:
«Ningún ojo ha visto,
ningún oído ha escuchado,
ninguna mente humana ha concebido
lo que Dios ha preparado
para quienes lo aman».

1 CORINTIOS 2:9

Mi Príncipe:

Cuando entro en tu presencia, Príncipe mío, ya me siento como en casa. Yo también anhelo el día en que me lleves a nuestro hogar. Me imagino el sonido de los ángeles regocijándose. ¡Lo que sentirá mi corazón cuando esté en mi lugar eterno que tú me preparaste personalmente! Adoro meditar en las cosas milagrosas que tengo que esperar como tu prometida. Que pueda fijar mis ojos en la eternidad, de modo que las cosas terrenales no vuelvan a quitarme jamás el gozo de vivir para ti.

Con amor,

tu novia eternal,
quien anhela estar en casa

*Después vi un cielo nuevo y una tierra
nueva, porque el primer cielo y la primera
tierra habían dejado de existir, lo mismo
que el mar. Vi además la ciudad santa,
la nueva Jerusalén, que bajaba del cielo,
procedente de Dios, preparada como
una novia hermosamente vestida para
su prometido. Oí una potente voz que
provenía del trono y decía: «¡Aquí, entre
los seres humanos, está la morada de
Dios! Él acampará en medio de ellos,
y ellos serán su pueblo; Dios mismo
estará con ellos y será su Dios».*

APOCALIPSIS 21:1–3

PREPÁRATE, MI PROMETIDA

Mi princesa y novia:

Ya es hora, amada prometida, de prepararte para mi regreso. Pronto vendré por ti, y en ese momento serás transformada. Quiero que vivas como si no hubiera mañana. Quiero que tu corazón y tu mente estén fijados en la eternidad conmigo. Si haces lo que te pido, estarás lista para mí cuando vuelva. Te prometo esto, mi princesa, nada en esta tierra es eterno, salvo mi amor por ti. Ahora déjame vestirte con humildad y rectitud, hasta que te lleve al altar de la eternidad.

Con amor,
tu Esposo eternal

¡ALEGRÉMONOS Y REGOCIJÉMONOS
Y DÉMOSLE GLORIA!
YA HA LLEGADO EL DÍA DE LAS
BODAS DEL CORDERO.
SU NOVIA SE HA PREPARADO.

APOCALIPSIS 19:7

Mi Dios, mi Novio:

Hoy digo: «Sí, acepto» y «Sí, prometo».
Prepárate para nuestra boda real. Te tomo a ti,
mi Esposo eternal, amando lo que conozco de ti y
confiando en lo que aún no conozco.

Para bien o para mal,
en riqueza o pobreza,
en tiempos de enfermedad y en tiempos de salud,
en tiempos de alegría y en tiempos de tristeza,
en tiempos de fracaso y en tiempos de éxito,
en tiempos de abundancia y en tiempos de necesidad,
para tenerte y sostenerte de este día en adelante
hasta que la muerte me deposite en tus brazos.

Con amor,

tu princesa y novia,
que dice: «Sí, acepto»

VI ADEMÁS LA CIUDAD SANTA, LA NUEVA
JERUSALÉN, QUE BAJABA DEL CIELO, PROCEDENTE
DE DIOS, PREPARADA COMO UNA NOVIA
HERMOSAMENTE VESTIDA PARA SU PROMETIDO.
OÍ UNA POTENTE VOZ QUE PROVENÍA DEL
TRONO Y DECÍA: «¡AQUÍ, ENTRE LOS SERES
HUMANOS, ESTÁ LA MORADA DE DIOS! ÉL
ACAMPARÁ EN MEDIO DE ELLOS, Y ELLOS
SERÁN SU PUEBLO; DIOS MISMO ESTARÁ CON
ELLOS Y SERÁ SU DIOS. ÉL LES ENJUGARÁ TODA
LÁGRIMA DE LOS OJOS. YA NO HABRÁ MUERTE,
NI LLANTO, NI LAMENTO NI DOLOR, PORQUE LAS
PRIMERAS COSAS HAN DEJADO DE EXISTIR».
EL QUE ESTABA SENTADO EN EL TRONO DIJO:
«¡YO HAGO NUEVAS TODAS LAS COSAS!»
Y AÑADIÓ: «ESCRIBE, PORQUE ESTAS PALABRAS
SON VERDADERAS Y DIGNAS DE CONFIANZA».

APOCALIPSIS 21:2–5

PENSAMIENTOS FINALES
DE LA AUTORA

Oro para que al leer estas cartas de amor, descubras que el amor, el poder y las promesas de Dios son para ti. Pero no podría dejarte cerrar este libro sin asegurarme de que conoces personalmente al Rey, porque leer acerca del amor de Dios no es suficiente para asegurarte un lugar en su reino eternal. Debemos aceptar su invitación y recibir el regalo de su hijo Jesucristo. Me encantaría tener el privilegio de ser parte de tu coronación eternal, al pedirte que repitas esta simple oración conmigo:

Querido Dios, ya no quiero vivir si ti. Creo que enviaste a tu Hijo a morir por mí, y quiero que él sea mi Señor y Rey.

Confieso mi pecado y mi necesidad de un Salvador, y acepto tu regalo gratuito de vida eterna. Te doy gracias por haber escrito mi nombre en tu libro de la vida. Hago esta oración por medio de la fe en el nombre de Jesús. Amén.

Si esta es tu oración sincera, puedes tener la certeza de que los ángeles están celebrando y de que el Espíritu Santo del Dios viviente habita en ti ahora. Si no tengo el honor de conocerte durante tu reinado en esta tierra, anhelo celebrar contigo del otro lado de la eternidad. Hasta entonces, que nuestro Rey bendiga tu caminar a su lado.

Con amor,
Tu hermana en Cristo,
Sheri Rose

El Espíritu y la novia dicen:
«¡Ven!»; y el que escuche diga:
«¡Ven!» El que tenga sed,
venga; y el que quiera, tome
gratuitamente del agua de la
vida.

Apocalipsis 22:17

Sheri Rose Shepherd es la autora del libro éxito de venta *Su Princesa: Cartas de amor de tu Rey* y tantos otros libros. Ha superado una vida de desafíos, incluyendo la infancia en un hogar destrozado, dislexia, y problemas de peso, para llevar a las mujeres de alrededor del mundo el mensaje de que Dios las ama entrañablemente. Shepherd  habla a decenas de miles de mujeres cada año. Su historia ha sido una de las presentaciones más populares de Enfoque a la familia. Ha sido reconocida recientemente en el programa televisivo Billy Graham Primetime Televisión Special, de alcance nacional.

Carta de respuesta

¡Me encantaría saber de ti!

Si quieres saber más acerca de mi ministerio, el DVD de *His Princess BibleStudy* [Su Princesa: estudio bíblico], y el tour de conferencias de *His Princess* [Su Princesa], visita nuestro sitio web en www.HisPrincess.com, o llama al 001-602-407-8789.

Notas

....

....

....

....

....

....

....

....

....

....

....

Notas

....

....

....

....

....

....

....

....

....

....

....

Nos agradaría recibir noticias suyas.
Por favor, envíe sus comentarios sobre este libro
a la dirección que aparece a continuación.
Muchas gracias.

Vida@zondervan.com
www.editorialvida.com